# 85 formas de ganar dinero online sin inversión

**desde Casa utilizando diferentes modelos de negocio: Freelancing, Ingresos pasivos, Copywriting, Blogging, Acciones, eCommerce, Social Media, Dropshipping, reventa online, etc**

**Indice**

**Introducción**

## Introduccion

¿Va este libro hacer que ganés dinero por sí solo, sin mucho esfuerzo? No, rotundamente no, ningún libro sea el que sea puede hacer eso, si algún libro o persona afirma eso, te esta mintiendo, esa es la realidad, la única persona que puede hacer esto eres tu, en este libro te presento una serie de estrategías, trucos, modelos de negocios, etc que puede que no sean adecuados para tí debido a que te falten habilidades, intereses, tus circunstancias no sean las mejores, etc, pero, y esto es extremadamente importante, si podrás extraer ideas que puedes usar en tu situación particular: tipos de modelos de negocios, estrategías, herramientas, etc.

En este libro describo diferentes forma de ganar dinero online, desde ganar dinero con enlaces de afiliados hasta diseñar logotipos, pasando por el fascinante mundo de los podcasts y las plataformas de venta artesanal, etc, algunas te pareceran ridiculas o sin sentido, otras simplemente no iran contigo, otras te pareceran genialidades pero habra mucha competencia, etc, ganar dinero online no siempre es fácil y tendrás que poner esfuerzo en una o varias formas de ganar dinero, así como usar tu creatividad, combinando varias estrategías descritas en el libro, pero si eres fiel a tí mismo, a tus habilidades y a lo que realmente te gusta descubriras cómo con cada click, cada palabra que escribas y cada paso que des estaras más cerca de vivir de esto(si así realmente lo quieres), todo gracias a tus habilidades únicas y tus talentos personales, ¿para que te digo esto?, te lo digo debido a que cada persona es totalmente diferente, no existen 2 personas identicas, todos tenemos diferentes habilidades, circunstancias y claro esta, puntos débiles, lo que me puede funcionar o gustarme a mí no es necesariamente lo mismo que te puede funcionar o gustar a tí, un error bastante común entre mucha gente es seguir las tendencias y hacer lo que hacen otros debido a que parece que es lo que funciona, tienes que hacer lo que te gusta, esa es la única forma de destacar. Si no haces algo que te apasiones y hacés algo debido a que es popular, fácil, es un buen negocio, etc acabaras haciendo lo que todos hacen, siendo uno más y encima ganando poco.

Tambien decir que este libro no es una obra inalterable que nunca cambia, cada vez que descubra que existe una nueva forma de ganar dinero online o que algo se pueda mejorar, la pondre en practica y hablare de ella aquí, es decir editare el libro.

## 1- Ganar dinero con la venta de enlaces

¿Tienes un proyecto online?, quizás una web, blog, canal de youtube, podcast, etc, entonces lo mejor que puedes hacer es ofrecer que otros publiquen enlaces en tu web, podcast, etc. Es tan fácil como registrarse en una web como:

Unancor(para publico hispanohablate).
Publisuites(Inglés, Español, Francés, Italiano)
Coobis (Inglés, Español, Francés, Italiano)

Hay muchás más solo tienes que usar buscadores de internet. Una vez que te registres en uno o en varios de estos sitios webs, tendrás acceso a diferentes marcas que estaran dispuestas a pagarte para que incluyas links, hagas articulos sobre sus empresas, marcas, etc. El precio que le pongas o el dinero que te den por ello depende de tu tráfico, el pagerank y reputación online. Por supuesto tambien puedes ignorar estás webs y hablar directamente en tu podcast, canal de youtube, etc de que ofreces estós servicios.

Si tu blog tiene cierta visibilidad, tiene reputación y un flujo constante de tráfico no sería nada raro que los compradores te contactaran directamente. Tienes que negociar directamente con ellos

## 2- Conviertete en un streamer de gaming

¿Te gusta jugar a videojuegos?, es simple, te grabas mientras juegas y comentas el videojuego, teoricamente tienes que hacerlo de forma online, pero hay forma de grabarte primero y luego subirlo a una plataforma como Twitch.

Normalmente la fuente de ingresos son donaciones, promoción de productos o servicios o simplemente anuncios de la propia web. Tambien puedes hacerlo con diferente contenido como deporte, comentando noticias, etc, pero no son categorías tan populares. No es común, pero se pueden llegar a hacer donaciones de miles de dolares

Hay gente que se coordina con un amigo, uno comenta y otro juega, uno hace la promoción, ayuda en cosas técnicas, busca como crecer, etc y el otro se expone al público.

## 3- Robale los clientes a Mr Google

Contacta a empresas que se anuncien en google, que se promocionan con las palabras clave de tu nicho y ofreceles un precio algo mejor que el que google ofrece, por ejemplo si tienes un blog de como montar a caballo correctamente, busca que empresas están pagando por anunciarse en google para aparecer en las busquedas relacionadas con caballo, ejemplos: "mejores sillas para montar a caballo", "productos para el cuidado del cabello en ponis", etc, no tienes más que meter el termino en google y contactar a las páginas que están ya pagando para ofrecer un precio ligeramente inferior al que ofrece google(suelen ser precios altos).

Si tienes un blog con muchos trafico y cierto prestigio no te sera dificil.

## 4- Text Link Ads (TLA)

Es una estrategia muy común y se trata de colocar discretamente en tu sitio web,por ejemplo en el footer o en una columna, enlaces de texto de anunciantes de la temática de tu blog. No llaman mucho la atención y no resultan intrusivos, aunque claro, no te ilusiones pensando que te harás trillonario haciedo esto, pero algo es algo. Los enlaces deben dofollow, si no sabés que es un enlace dofollow, no son más que enlaces normales con una estructura tipo: "website.com\post"
Esto solo merece la pena si tienes mucho tráfico y autoridad, ya que aquellos que buscan visibilidad se fijan muchísimo en esto. No es una estrategía que haya usado mucho y no merece la pena para la mayoría de la gente, pero la escribo por si de alguna forma tu eres capaz de hacer algo diferente, usa tu creatividad.

## 5- Publicidad que sea contextual

Hay muchas forma de rentabilizar un blog, no solo adsense como muchos creen, puedes contactar directamente a los anunciantes y ofrecerle publicidad contextual, así como usar otras plataformas como Yahoo Publisher, WordAds, BlogAds, Bidvertiser, Microsoft ads, Yandex ads, etc

## 6- Pon banners o vende espacios en tu blog

Es simple pon anuncios y banners directos en tu blog de productos o servicios, y en caso de que no sepas que poner anuncia la campaña, puedes poner algo como: "Anunciate aquí" o "¿Quieres ver tu anuncio aquí?, contactanos" y pon un enlace a un articulo o página donde hablés de que tipo de publicidad aceptas y si lo consideras los precios.

Esto tiene muchas ventajas como la de que no hay intermediarios. No pongas precios muy bajos, ¡he llegado a ver gente que ofrecia poner un banner por 50 centavos de dolar!

## 7- Gana ingreso online gracias a patrocinadores

Si tienes una web, canal de youtube, etc que pudiera ser sinergica con alguna marca o empresa, no te va a ser dificil encontrar un sponsor que te pague todos los meses, es parecido a lo de vender banners, pero es mejor percibida, "mira que buena es esta empresa que ayuda a este youtuber". Tambien es una forma de encontrar trabajo ya que alguna empresas si ven que existe un retorno muy grande de la inversión acabaran ofreciendote trabajo de: escrito, creador de contenido o incluso director de creación de contenidos.

## 8- Pay per Play

Personalmente odio esta forma, es el tipico banner asqueroso con un video o audio que se reproduce sin tu autorización normalmente con el volumén a tope, es intrusivo.

Es algo que personalmente detesto ya que es molesto, pero quizás para campañas temporales funcione.

Los usuarios odian este tipo de compañas.

## 9- Crea un canal de Youtube

Si todavía no tienes un canal de youtube no se a que estás esperando, esto es algo que aunque no va a generar mucho dinero de forma directa(normalmente) si lo puede hacer gracias a anunciantes.

Al principio tendrás que meterle mucho esfuerzo con conteido de calidad para así ganar muchas visitas y suscriptores. Puedes ganar (un poco) de dinero con publidad de Adsense, negociando con anunciantes directos, servicios o productos que te permitan ganar dinero con afiliación, venta de reviews, donaciones por patreon (y de otras plataforma de donaciones) o incluso tus propios productos o servicios(tienda online, asesoría, etc), trata de que sea siempre un tema que te guste y que seas capaz de mantener a largo plazo.

Ten en cuenta que Youtube y NO google, es el mayor buscado de internet del mundo, además tus videos se posicionaran fácilmente en google ya que la gente es bastante vaga y prefiere visualizar un video antes que leer un artículo y las imagenes de las miniaturas son mucho más llamativas que los titulos de los artículos.

El consumo de video no va a hacer más que crecer, y aunque actualmente YouTube es la plataforma más popular, esto no siempre va a ser así y deberías intentar usar otras plataformas como odysee, bitchute, etc, tambien existen otras plataformas como TikTok, Facebook o Instagram, todo depende de que tipo de videos haces, pero lo ideal sería subir tus videos a Youtube y otras plataformas populares de videos largos y luego cortar tus videos en videos más pequeños y ponerlos en plataformas de videos cortos como tiktok.

**10- Ganar dinero online gracias a los videojuegos**

A tí probablemente te encantan los videojuegos, graba videos mientras juegas, subelos, haz algo de SEO y por supuesto monetizalo con publicidad, lo más importante de esto es que te guste jugar a videojuegos y seas bueno comentando, basicamente se trata de que te transformes en un showman, grita, se muy expresivo, dí cosas raras, se creativo, etc, la gente normal no llama la atención, hay ya muchos gamers bien establecidos y vas a tener mucha competencia, pero incluso con esto hay una demanda brutal

## 11- Ten ingresos como Jugador profesional de un videojuego en especifico(ProGamer)

Puede parecer una locura pero actualmente es posible jugar a videojuegos y ganar dinero, aunque es posible y es una profesión, no es para nada fácil, tendrás que invertir una cantidad inmensa de horas, es algo parecido a convertirs en jugador profesional de futbol, es posible, pero extremadamente dificil.

Las páginas más famosas son OneWinner y My Lands, allí puedes ganar algo de dinero con lo que te gusta y es una manera de empezar en esto. La gente que es profesional puede ganar hasta un millón de euros al año. Ell videojuego LOL o League of Legends ha sido uno de los videojuegos más importante, si no el más importante, se ha llegado a jugar en estadios de futbol con una audiencia global.

## 12- Ayuda a otros a hacer trampas en los videojuegos

Eres realmente bueno en un videojuego o en varios, existen páginas como Boosting.pro o PlayerAuctions donde encontraras "gente" que querra pagar por subir de nivel en muchos videojuegos, puedes ganar desde cantidades ridicualas hasta miles de dolares.

Personalmente no es algo que yo haría, pero es mejor que nada y puedes combinarlos con otras forma de ingresos o modelos de nergocios, por ejemplo puedes hacer un livestream o grabar un video en youtube mientras te lo pasas,incluso puedes publicitarte este mismo servicios mientras grabas el video o haces el stream.

### 13- Vende guías o ebooks con trucos de videojuegos

Si lo de la cámara no te convence, pero en cambio eres un as dándole a la tecla, tienes otra opción para rentabilizar tu habilidad con los videojuegos. Puedes crear una guía o ebook con información chula, trucos, curiosidades, etc. sobre ese videojuego que tanto dominas y venderlo directamente en Amazon sin mayores complicaciones. Aquí puedes tener un campo bastante interesante, porque ya hay mucho material de este tipo en inglés, pero no tanto en castellano. Así que, ya sabes, a escribir… Eso sí, tendrás que ser un experto en el videojuego en cuestión y aportar algo por lo que realmente merezca la pena pagar.

Lo mejor es que, una vez que tengas el trabajo hecho, tendrás un infoproducto 100% escalable. Y si el invento te sale bien, siempre puedes replicarlo.

### 14- Vende tu canal de Youtube

No es ilegal vender o comprar canales, pero Google no permite la venta de cuentas de google.

Yo creo que es sustancialmente mejor que hagas uso de las cuentas y que promociones tus productos, servicios, etc en ellas antes que venderlas y si no puedes o no quieres siempre puedes alquilarlas a alguien de confianza, pero si aun así no te interesa te cuento como podrías venderla.

Necesitas tener un buen número de suscriptores relativamente algo y si es posible buen contenido, ya que eso influira en el precio del canal. La venta se puede hacer usando páginas especializadas, algunas son

trustiu.com
mid-man.com/es/youtube
lenostube.com
viralaccounts.com
fameswap.com/browse-youtube-accounts-for-sale
eazyviral.com
audiencegain.net
eazysmm.com
accs-market.com/youtube

Existen límitaciones a la hora de vender como por ejemplo el número mínimo de suscriptores o que el contenido no sea XXX.

## 15- Vende productos como afiliado en tu blog

Existen muchas plataforma que te dan una comisión a cambio de promocionar un servicio o producto Amazon y ebay son algunas de las web que hacen esto más conocidas, pero hay otras como  AffiliateWindow, Skimlinks, ShareASale,Tradedoubler o Clickbank.

Lo más aconsejable es que hagas un blog, canal de youtube, etc que sea serio y de valor y poner enlaces, promocionando productos que realmente valgan la pena, puedes hacer reviews, articulos, etc hablando sobre los aspectos positivos o negativos, las consecuencias, si es el producto adecuado para tu empresa, etc, usa todo tipo de herramientas a tu alcance: un blog personal, foros, redes sociales, newsletters, podcast, videos, etc

Tambien es muy rentable hacer esto mismo con herramientas como VPNs, o mejor aún herramientas de tu sector:  hostings, plugins o herramientas de análisis, etc, normalmente estas herramientas tienen un modelo de negocio basado en la suscripción por lo cuál podrías recibir ingresos de forma recurrente.
La temática puede ser cualquiera desde blogs de perros, videojuegos, etc hasta blogs de servicios.

## 16- Consultoría online

¿Se te da algo realmente bien y eres bueno comunicando?, pues ofrecete como consultor en tu canal de youtube, blog, etc. Podrás consejos bastante valiosos, especialmente a aquellos que están empezando y no tienen experiencia

## 17- Vende cursos online

Hay mucha gente con problemas, problemas pequeños o grandes, problemas de salud, económicos, de pareja, etc, si eres capaz de ayudar a la gente a resolver esto seguro que tendrás éxito.

Hay muchas plataformas, pero la mejor y la que te aconsejo usar es udemy.com

## 18- Coaching online

Usando diferentes herramientas online como zoom, whatsapp o telegram podrías ofrecer coaching online, esto es algo que podrías hacer con coste casí 0, estos servicios los puedes promocionar simplemente anunciando en redes sociales como facebook, instragram, etc, así como por el boca oreja, es la forma más simple, pero no hay muchas garantías de que vivas de ello.
Lo mejor que puedes hacer es crear un blog donde ofrezcas contenido de valor, si le dedicas el suficiente tiempo podrás escribir, grabar, etc contenido de alta calidad en cantidad, tienes que dar lo mejor de tí!

Tienes tambien que darle tu propio estilo personal, lo puedes hacer por medio de imagenes, fotos, una forma de editar los videos especial, te puedes disfrazar, puedes hacer lo que quieras siempre y cuando te sientas comodo con ello y vaya acorde con lo que haces: contenido que podrías crear: como ser feliz si eres X, como hacer amigos si eres X, como superar una roptura sentimental, como encontrar un trabajo bien pagado, etc.

Encuentra tu nicho, encuentra tu audiencia y se honesto.

Pon un precio, aunque sea bajo a tus servicios y progresivamente ve aumentando el valor conforme la demanda y tu experiencia aumenta.

## 19- Gana dinero reaprovechando tu contenido y crea un eBook

Cuando ya tengas mucho contenido escrito en tu blog, puedes pasar ese contenido a libro, edita los artículos un poco para no tener problemas con Amazon o pasaselos directamente a una editorial.

Puedes crear un único libro si lo consideras o crear varios libros sobre diferentes temás, todo depende de cuanto contenido tiene tu blog.

Si quieres contactame yo te podría ayudar con la publicación, marketing, etc del libro.

## 20- Pasa tu libro a papel

¿Tienes un ebook?, ¡genial!, es un muy buen primer paso, ahora este ebook te estara dando mucho o pocos ingresos durante años. Si observas que tu libro se vende puedes ponerte en contacto con una editorial, pero lo mejor que puedes hacer es no perder el tiempo y hacerlo tu mismo en Amazon, Amazon te pedira algo de información, el documento digital con el libro y la cubierta. Gracias a Amazon no hara falta que inviertas nada en la impresión del libro, Amazon imprimira y distribuira el libro por tí, ¿cuánto ganaras?, del precio Amazon restara lo que cuesta imprimir el libro y del resto Amazon se quedara un 40% y tu un 60%

Los libros en papel se venden mucho más que los libros digitales actualmente.

## 21- Crea una tienda online y gana dinero con ella

Es una de las opciones más antiguas, no es la opción más fácil o rápida, especialmente si eres principiante, ya que tendrías que lidiar con la parte del marketing, los envios, servicios de atención al cliente, compra de grandes cantidades del producto, etc, etc.

Ese tipo de webs se suelen hacer con Wordpress y su plugin woocommerce o con Shopify, pero tambien hay otros CMS como Prestashop o Magento.

Te advierto que este modelo de negocio es actualmente no muy fácil de realizar por tener cierta complejida y por la competencia existente de Amazon, ebay, etc, pero puede merecer la pena si ya tienes una tienda física.

Hay gente que se dedica a hacer cosas parecidad como una tienda usando el modelo de negocio de dropshipping, print on demand o afiliación de Amazon que pueden resultar menos complicadas y rentables.

## 22- Monetiza una web de nicho y empieza a ganar dinero

Si prestás un poco de atención a determinadas tendencias del mercado o localizas un nicho de mercado muy concreto con poca competencia, puede que seas capaz de ganarte la vida o ganar bastante dinero con ello.

Solo tendrías que hacer una web con un CMS, yo te recomiendo wordpress.

¿Como puedes monetizar esta blog de nicho?:

- Publicidad, usando adsense u otro sistema parecido. Google Adsense es un sistema que te permite poner publicidad en tu web y a cambio recibes un pago por click en el anuncio.
- Afiliación: afiliación de Amazon.
- Etc.

## 23- "Tienda" de afiliación con Amazon

¿Que es una tienda de afiliación con Amazon?, esto es un método bastante popular y que lleva bastantes años siendo usado, los pasos son los siguientes:

- Elegir un nicho de mercado y crear diferentes categorias de ese mismo nicho.
- Buscar productos en Amazon para luego publicarlos en tu propía página web.
- Crear una web con wordpress y woocommerce, es muy importante tener descripciones suficientemente descriptivas, así como imagenes.
- Conseguir tráfico webs creando contenido que atraiga a aquella gente que busca el tipo de productos online que nosotros ofrecemos.

Amazon es actualmente una tienda que ofrece bastante confianza a mucha gente, por ello la tasa de conversión en Amazon es muy grande, es decir la cantidad de gente que entra Amazon y compra es elevada.

## 24- Tienda online de dropshipping

En una tienda online tradicional tienes productos contigo, te los compran a través de la web y los mandás, simplemente. En un tienda dropshipping en vez de comprar grandés cantidades a un mayorista del producto, le pidés al mayorista que envie el producto directamente al cliente cuando este hace un pedido. Por supuesto el cliente no sabe nada de este proceso.

*¿Cuáles son las ventajas de esto?*

● Puede ser una forma muy fácil de hacer un "estudio de mercado práctico", ponés un producto a vender si se vende compras al por mayor y si no, no compras o sigués haciendo dropshipping.
● No tienes que lidiar con el inventario.

*¿tiene alguna desventaja?*

● Menos beneficios.
● No tienes realmente ningún control sobre los envios, el envalaje de los productos, etc, sí, claro que le puedes pedir a tu proveedor que ponga un embalaje especial, logos o pegatinas a tu producto, pero probablemente te costara algo reduciendo tus beneficios y no tienes ningún control sobre el proceso.

● Muchas competencia, actualmente hay tanta gente haciendo esto que es muy dificil competir, no se trata de que no vas a poder competir con gigantes como Amazon o ebay, si no que hay un "trillón" de vendedores usando este método. Por eso es importante que elijas un nicho con poca o nula competencia, si es un nicho muy especifico mejor.
● Proveedores poco serios, deshonestos, etc, mucho proveedores no te tomaran en serio y unos pocos simplemente te estafaran.
● Es difícil vender por lo cuál vas a tener que meter mucho esfuerzo en marketing, SEO, etc.
● Es dificil encontrar proveedores.

## 25- Usa los newsletters

¿Sabes lo que es un newsletter?, un newsletter no es más que un correo electrónico que se envia a un persona que prevíamente se ha suscrito a recibir ese correo. Esta practica es algo básico y muy importante, te recomiendo que uses mailpoet para wordpress, ¿que es lo que normalmente se envia?: novedades sobre el blog, publicacioes nuevas, noticias sobre el nicho, declaraciones de personalidades del nicho, etc, aparte de las anteriores tambien puedes tener un patrocinador al que permitas poner links, una cabecera, etc en estos emails. Esto puede ser muy rentable pero tambien puede ser un arma de doble filo, ya que puede ser percibido como spam.

### 26- Haz reviews de productos

¿Alguna vez has comprado algo online y te has puesto ha buscar información sobre el producto?, no estás solo hay muchas personas que hacen lo mismo que tu, y todas ellas encuentran lo mismo reviews de productos o servicios. Eso es lo que puedes hacer si tienes un página web o mejor aún un canal de youtube que es importante y tiene autoridad en el nicho elegido. La forma más común de hacerlo es usando afiliados de Amazon, los productos más caros como por ejemplo los electrónicos son los mejores, pero te recomiendo tener varias páginas o varios canales de youtube. La gente suele basar su decisión de compra mucho en las reviews, tu las crearas y te llevaras una comisión por ello. Se honesto con las reviews, si un producto es malo dilo, al mismo tiempo ofrece otro que pueda ser mejor.

### 27- Patreon.com, página de mecenazco

Si no conoces Patreon.com tienes un problema, ¿has estado viviendo bajo una roca?, Patreon.com es una web de donaciones que permite a creadores de contenido online conseguir donaciones, micropagos, suscripciones, mecenazco, etc.

## 28- Pedir donaciones

Lo habrás visto en numerosos sitios, desde la Wikipedia a bancos de imágenes gratuitos. Hablamos de esa invitación a hacerles una donación por la información, producto o servicios prestados de forma gratuita en su web.

Suelen ponerse frases pretendidamente graciosas como "Invítame a un café" o "Dame para una cerveza" y justo debajo un botoncito de Paypal. Es como un Patreon pero en plan cutre, vaya. Parece ser que hay quien dona, bien por ellos.

## 29- Membresías

Consiste en ofrecer contenido a cambio del pago de una suscripción, simple , crear una página con wordpress, instalas uno de estos plugins: Ultimate Membership Pro WordPress Plugin, ARMember, LearnDash, MemberPress, Paid Memberships Pro, Restrict Content Pro, ProfilePress, WooCommerce Memberships, Paid Member Subscriptions, BuddyBoss, Teachable, WP-Members, aMember, Ultimate Member, ProfileGrid, Restrict User, Memberful WP, Simple Membership, etc, hay muchos mi sugerencia es que instaler wordpress, y acontinuación instales todos los plugins que encuentres para hacer menbership sites e interactues con ellos, los pruebes, y cuando encuentres uno con el que te sientas comodo lo uses.

Mucha gente lo que haces es ofrecer contenido promocional gratis y luego tener bloqueado el contenido realmente bueno.

## 30- Encuestas

En tu blog, puedes incluir encuestas de diversas empresas que, al ser respondidas por tus visitantes, te proporcionarán ingresos adicionales. Google ofrece uno de estos servicios, aunque hay muchas otras compañías que también lo implementan.

Es importante asegurarte de que la encuesta no resulte invasiva y que los ingresos obtenidos compensen el espacio utilizado. Tal vez, optar por un sencillo banner u otro de los métodos de monetización podría ser más rentable ocupando el mismo espacio. Si la temática de la encuesta se relaciona con el nicho de tu blog, prácticamente estarás ofreciendo contenido que, en realidad, no deja de ser una forma de publicidad. ¡Todo suma!

## 31- Vende merchandising con tu propia marca

Diseña artículos físicos que conecten con tu audiencia y les inspiren orgullo al lucirlos. Estampa tu logo o la imagen que mejor te represente en llaveros, camisetas, almohadillas para el ratón, tazas, pins, gorras, mecheros... ¡y sácalos a la venta! Si logras construir una comunidad en torno a tu blog, ya sea a través de foros o como youtuber, esto podría ser un auténtico bombazo. Aunque suene a la típica movida del merchandising de toda la vida, es una fuente de ingresos impresionante para muchos proyectos. Basta con echar un vistazo a usuarios con una legión de seguidores.

Y no pienses que esto es exclusivo de personas o marcas famosas, no, para nada. La sensación de pertenecer a una comunidad tiene un poder extraordinario.

### 32- Vende themes y plantillas de WordPress

¿Buscas unos ingresos extra? Vende tus propios themes y plantillas, ¡vendeselos a la gente que usa WordPress! Aunque hay muchas gratis en internet, la realidad es que muchos bloggers reconocen la profesionalidad de los temas de pago y están a pagar si encuentran algo que les cuadre en cuanto a diseño, funcionalidad, rendimiento, etc. Lo bueno de esto es que son productos 100% escalables. Puedes comercializar tus propias creaciones en plataformas como ThemeForest, que se quedará con su comisión por venta.

### 33- Crea un foro

Toma tiempo moderarlo y dotarlo de los suficientes contenidos y de la calidad necesaria para que la gente esté ansiosa por pagar para entrar, pero crear un foro de pago es una opción muy buena siempre. Un ejemplo destacado de esto es offshorecorptalk.com que ofrece contenido gratuito con una parte VIP de pago.

### 34- Gana dinero con una red de blogs

¿Te imaginas la potencia de una alianza donde entre 25 y 200 blogs se unen bajo un mismo estandarte? Así nació la genial idea de la MBN. Imagina una red gigante donde cada blog comparte una temática en común, donde se abrazan mutuamente con el objetivo claro de generar ingresos. ¿Cómo lo hacen? Es simple pero efectivo: cada sitio web dirige tráfico hacia los demás. Aquellos con menos competencia se posicionan sin necesidad de enlaces, y, a su vez, enlazan hacia aquellos blogs que se enfrentan a mercados más disputados. ¿El resultado? Los que se han posicionado mejor llevan a sus visitantes a hacer clic en los enlaces, beneficiando a aquellos que tienen más competencia y contribuyendo a su posicionamiento. ¿No es fascinante cómo la colaboración puede impulsar a todos?

Muchas gente lo hace, pero a mi personalmente no me gusta ya que puedes perder foco con tanto blog y es mejor escribir contenido de mucha calidad y en cantidad en un solo blog sobre una temática, que escribir en 50 webs chapuceras, pero oye existe gente que esta ganando dinero con esto, si esto te llama la atención prueba.

## 35- Vende tu blog

Puede parecer raro, pero hay mucha gente que lo hace, Flippa.com es el lugar indicado para ello.! Si tu sitio web está en las primeras posiciones deberías contactar tambien a tu competencia para que te compre el blog o incluso a tu audiencia, puede que haya gente interesada en empezar entre ellos y que no sepa como empezar, comprar tu blog directamente les solucionaria muchos problemas.

## 36- Vende plugins de wordpress

¿Te has planteado alguna vez la idea de sumergirte en el mundo de la programación? ¡Por supuesto, es esencial tener algo de conocimiento o contar con alguien que lo tenga!, en el caso de que este no sea tu caso te recomiendo que aprendas solo si te interesa este mundillo, la programación puede ser dura. La mejor web que existe para aprender programación es freecodecamp.org tiene tambien varios canales de youtube en inglés, español, japonés, chino, hindi, portuguese, arabic, bengali, etc, en el caso de que no sepás inglés te recomiendo que aprendas ya que la mayoría de información, oportunidades, etc vienen de este sector.

Bueno, ¿cómo comienzas? Todo empieza con la idea y luego pasas a la acción. ¿Sabías que los plugins son como pequeños magos de la web que añaden funcionalidades mágicas a tu página? Hay millones de ellos para satisfacer todas las necesidades posibles. ¿Cuáles prefieres? ¿Los clásicos, los de SEO, los que te permiten compartir contenidos en redes sociales, o tal vez los filtros de spam y los formularios de contacto? ¡Las opciones son infinitas! Al echar un vistazo al directorio de plugins de WordPress, ¿te haces una idea de la variedad que existe? ¿Puede haber algún blog o página web que no utilice plugins? Parece improbable, ¿verdad? ¡Porque hacen la vida mucho más fácil! ¿A quién no le gusta lo gratuito? Por supuesto, los plugins gratuitos son los más populares. ¿Sabías que muchos de ellos dependen de las donaciones? ¡La comunidad es maravillosa! Algunos incluso ofrecen versiones Premium con características extra o más profesionales. ¿Cuál es la clave del éxito? ¡Mejorar lo existente o crear nuevas facilidades! Un ejemplo claro es el plugin WordPress SEO, ¿lo conoces? Es gratuito, con más de un millón de instalaciones activas y ¡80,000 descargas al día! ¿Puedes creerlo? Ahora, los desarrolladores también ofrecen una versión Premium con soporte y características adicionales. ¡Así es como se hace, nada de regalos por aquí!

### 37- Vende software

¿Te has planteado la posibilidad de crear y comercializar tu propio software? No es necesario que sea la octava maravilla, solo tiene que abordar una necesidad específica y ser útil.

Uoftware puede ser un infoproducto increíblemente interesante, ¿por qué? Porque es escalable y puedes aprovechar la influencia de tu blog y tu marca personal para venderlo a tu audiencia, ¡ganando así más visibilidad!

## 38- Vende aplicaciones para android o apple

Cada año se descargan **255.000 millones de aplicaciones en el mundo y existen estudios que afirman que una parte importante de la población pasa un tercio de su día con el móvil, todo esto, e**l 89% del tiempo que pasamos en nuestro móvil lo dedicamos a consumir contenidos de aplicaciones. Todo esto nos haría pensar que ganar dinero con una app es más que posible. Lo más importante es que prestés atención a las palabras clave de google play o que estés muy seguro que el problema que vas a resolver con tu app es muy demandado. Necesitaras posicionarla y trabajar el Marketing para aumentar su visibilidad en las tiendas de aplicaciones y fomentar las descargas. ¿Cuántas más descargas, usuarios, valoraciones y reseñas tenga tu app, mejor será para tu negocio!, si esto te parece muy complicado, puedes ir a flippa o Wuallap y comprar la aplicación.El mundo de las apps ofrece muchas oportunidades de negocio.

## 39- App testing

Explorar y probar aplicaciones móviles es otra manera de sumar ingresos en línea, ya sea en efectivo o con tarjetas regalo que puedes utilizar en tiendas como Amazon. Es cierto que no te harás rico de la noche a la mañana, pero, como siempre digo, cada pequeño ingreso cuenta, y esta es una forma fácil y relativamente rápida de ganar unos eurillos extra. Algunas aplicaciones te permiten acumular puntos realizando diversas acciones, como descargar apps (que luego puedes eliminar) o ver vídeos. Ejemplos de estas apps incluyen App Trailers, TappOro o Tap Cash Rewards. Puedes canjear los puntos acumulados (una vez alcanzada una cantidad mínima, que varía según la aplicación) por dinero en efectivo a través de Paypal o por tarjetas regalo. ¡Es una manera sencilla y entretenida de agregar algunos euros a tu bolsillo!, generalmente no recomiendo esta forma de ganar dinero, pero quería comentarla ya que tus habilidades no son las mías para bien o para mal, quizás a ti se te ocurra la idea de subcontratar gente para hacer esto o hacerlo en automático de alguna manera, no lo se todo depende de tus habilidades personales.

Bajo la sombra del éxito de Fiverr, han brotado numerosas páginas que intentan imitar su modelo, pero cuando se trata de ganar dinero, siempre es mejor jugar con el original.

En Fiverr, la dinámica es simple: puedes comprar y vender una amplia variedad de servicios, conocidos como "Gigs", a partir de 5 dólares. El registro es totalmente gratuito, y la plataforma tiene muchos visitantes, con una media de 27-30 millones de visitas mensuales. Cuando digo "todo tipo de servicios", me refiero a practicamente TODO, desde servicio profesionales a auntenticas tonterías. Desde diseño gráfico, programación, traducciones, asesoria en derecho, etc hasta chorradas como cojer un cartel con un mensaje provocativo mientras vistes un disfraz de payaso y cantas una canción, todo o casí todo esta permitido. Con más de 3 millones de servicios disponibles, podrás encontrar prácticamente cualquier cosa, desde lo más profesional hasta lo más bizarro. Para monetizar en Fiverr, solo necesitas poner tu habilidad a disposición del público, establecer un precio de salida y esperar a recibir pedidos, siempre cumpliendo de manera amable. Fiverr se queda con un 20% de comisión por cada transacción, y con Paypal como método de pago, apenas hay unos céntimos de comisión. El resto es para ti. Al poco de tener cierta reputación en esta plataforma deberías incrementar el precio tanto como puedas, poco a poco o delegar el trabajo a otros.

Cada usuario tiene su propia "reputación" o karma, obtenido a través de votos y comentarios de clientes anteriores. Mantener una buena imagen y realizar promociones puede aumentar tus posibilidades de ser elegido entre otros usuarios que ofrecen servicios similares. Además, al alcanzar niveles superiores con varias ventas exitosas, puedes acceder a herramientas adicionales y solicitar hasta 100 euros por tareas extra.

En Fiverr, el secreto para sacarle provecho radica en encontrar algo original, fácil y rápido de hacer, y, por supuesto, que tenga demanda. De lo contrario, podrías pasar tiempo sin recibir pedidos. ¡Eso o ser el más astuto de la clase y utilizar algunos trucos ingeniosos!

Actualmente hay muchas páginas similares a fiverr, algunas son Upwork, peopleperhour, 99designs, freelancer, designcrowd, etc

## 40- Tienda online en Facebook

Facebook es la mayor red social del mundo y hogar de la mayor comunidad de compradores online del país. ¿Te imaginas poder aprovechar este vasto mercado y establecer tu propia tienda directamente en tu fanpage?, ¿así como usar facebook marketplace?

Dependiendo del software que elijas, tienes la opción de crear tu tienda desde cero en Facebook o replicar tu negocio online existente allí mismo.

Imagina tener dos escaparates para tus productos o servicios, ambos bajo una única administración. Esto significa que los usuarios pueden realizar compras sin abandonar el entorno de ninguna de las dos tiendas, incluso gestionando el pago sin complicaciones.

Este enfoque te permite aprovechar la inmensa base de usuarios de Facebook para impulsar tus ventas. Además, al integrar tu tienda en esta plataforma, estás más cerca de tu audiencia, lo que puede mejorar la interacción y la lealtad de los clientes. La accesibilidad y la comodidad de comprar directamente en Facebook pueden ser un gran atractivo para tus clientes potenciales.

No subestimes el poder de tener una presencia comercial en la red social más grande del mundo. ¡Dos escaparates, una administración! Ahora, imagina la posibilidad de ampliar tu alcance y aumentar tus ventas aprovechando este gigantesco escaparate virtual. ¿Suena interesante, verdad?

## 41- Vende tus cuentas en redes sociales

Todo en este mundo tiene su precio, y en el ámbito de las redes sociales, se trata de comprar y vender perfiles auténticos, nada de seguidores falsos (eso lo dejaremos para más tarde). Nos referimos a perfiles con seguidores reales, interacciones genuinas, y todo aquello que pueda resultar atractivo para marcas o negocios en el mismo nicho o relacionados.

Imagina esto: en plataformas como Viral Accounts, puedes poner a la venta tus páginas o cuentas de Facebook, Twitter, Pinterest, tiktok o Instagram. Pero, ojo, estamos hablando de páginas de Facebook con un mínimo de 100,000 seguidores, cuentas de Twitter con al menos 50,000 seguidores reales, o cuentas de Instagram con un mínimo de 40,000 seguidores. Aparte de la cantidad, la calidad de los seguidores es importante.

Por si te preguntas dónde más puedes incursionar en este mercado, FameSwap es otro marketplace que se especializa en la compra y venta de cuentas sociales, enfocándose en Facebook e Instagram. ¿Te preguntas por los precios? Bueno, dependen de la cantidad de seguidores y la actividad social que tenga la cuenta. Estamos hablando de un negocio en auge, donde los perfiles activos y con una comunidad comprometida pueden tener un valor considerable. Es un juego de cifras, pero también de autenticidad y compromiso. Ahora, imagina la posibilidad de capitalizar tu presencia en redes sociales. Interesante, ¿verdad?

## 42- Menciones en redes sociales acambio de dinero

¡Sigamos con las estrategias de monetización! Si cuentas con una cantidad decente de seguidores en tus redes sociales, existe la oportunidad de generar ingresos adicionales mediante la venta de tweets patrocinados o menciones en plataformas como Facebook, tiktok, youtube, Instagram, etc. ¿cuánto podrías ganar? Bueno, eso dependerá directamente del número de seguidores y la calidad de tu audiencia. ¡Incluso se ha rumoreado que Cristiano Ronaldo podría cobrar hasta 100.000 euros por un solo tweet! Según datos de la plataforma Captiv8, que conecta a marcas e influencers, una persona famosa o influencer en EE.UU con entre 3 y 7 millones de seguidores podría obtener alrededor de 187.500 dólares por un vídeo en YouTube, 75.000 dólares por una publicación en Instagram o Snapchat, y 30.000 dólares por un tweet. ¡Impresionante, verdad?

Ahora bien, bajemos a la realidad. Según los mismos datos, los influencers con entre 50.000 y 500.000 seguidores podrían ganar 2.500 dólares por un vídeo de prescripción en YouTube,

1.000 dólares por publicar en Instagram o Snapchat, y alrededor de 400 dólares por una publicación en Twitter.

En tu país puede que las cifras estén un poco más ajustadas, pero nunca se sabe, de todas formas bajas no van a ser. Todo dependerá de la fuerza que tengas en tus redes sociales. Si deseas explorar esta oportunidad, puedes registrarte en plataformas como Publisuites. Esta plataforma, de la que ya te he hablado para vender posts patrocinados en tu blog, también te brinda la posibilidad de ofrecerte para publicar tweets patrocinados y menciones en Facebook. El único requisito para ambas opciones es tener al menos 1.000 seguidores. Otra alternativa para este tipo de colaboraciones es SocialPubli.

### 43- Intercambia plantillas de trabajo y publicidad

¡Si eres un apasionado de la organización y la productividad, seguro habrás ideado tus propias plantillas y documentos para llevar a cabo tus tareas y metodologías! Ahora, aquí viene la jugada maestra: convierte ese trabajo en algo escalable. ¿Como?, vende esas plantillas y documentos que has creado con tanto esmero. Piensa en calendarios organizativos, calendarios editoriales, plantillas de informes y reportes, ¡lo que se te ocurra! Si tu material es de calidad y entiendes las necesidades de tu audiencia para hacerles la vida más fácil, la gente estará dispuesta a pagar.

### 44- Audiojungle royalties

Si eres bueno con la música, si simplemente te apasiona , etc tengo buenas noticias: ¡ahora puedes convertir tu pasión en dinero! Si eres compositor, creador de efectos de sonido, amante de la música ambiental, etc puedes desarrollar una carrera músical gracias a esto.

¿Sabés lo que es Audiojungle? Es una web que te permite ganar dinero con tus canciones, efectos de sonido, etc, ¿qué pasa después de subir tus canciones a la página? Pues que cada vez que alguien quiera darle un toque mágico a sus producciones audiovisuales: peliculas, series, cortometrajes, incluso videoclips utilizando tus obras maestras, ¡les tocará pagarte a ti!

Imagina, tu música sonando en películas, videos, proyectos ¡y cada reproducción, cada uso, significa ingresos!
 Hay muchos músicos que tienen el sindrome del impostor y no se dan cuenta de lo buena que es su música, no te comás mucho la cabeza con la calidad de tu música, si suena bien y a la gente le gusta pagara por ella si no, pues no.  Así que, amigo, ponte los auriculares, da rienda suelta a tu creatividad, ¡y que empiece la sinfonía de ingresos!

## 45- Vende textos y contenido para blogs

¡Agárrate, que te voy a contar un secreto del mundo digital! Según un estudio de Hubspot, los negocios que se lanzan con un blog consiguen un 67% más de leads y un 97% más de links a su web. ¿Y eso qué significa? Pues más tráfico, más autoridad, más confianza y claro esta más clientes y más ingresos... ¡un cocktail explosivo que te llevara al éxito!

¿Sabés que es lo mejor de todo?, hay millones de blogs ahí fuera hambrientos de buen contenido. Ya sea porque Google ha decidido y dijo "aquí no entra cualquier cosa" o porque las marcas se dieron cuenta de que un blog por tenerlo no vale de mucho, todos quieren piezas que realmente interesen y sirvan para su audiencia.

¿Escribir se te da bien? Pues prepárate para conquistar el internet. Si ya tienes un blog, puedes vender tus habilidades de redacción y marketing de contenidos directamente. Tu blog será como tu mejor currículum, una obra maestra donde mostrar a tus clientes potenciales que puedes ofrecer.

¿No tienes un blog propio? ¡No hay problema! También puedes ofrecer tus textos en plataformas chulas como TextBroker o LowPost, donde pagan por palabras y te clasifican según lo que te luces. Te das de alta empezaras a ganar euritos.

¿Y sabes qué más? En Publisuites también te puedes lanzar como redactor y recibir encargos de contenidos de marcas. ¿Suena bien, no? ¡Así que ya no hay excusas, a escribir y ganar en grande!

## 46- Corrector de texto

Si eres hábil con las palabras, también puedes dedicarte a corregir textos. Como editor y corrector, puedes ofrecer servicios a diversas páginas web que buscan mejorar la ortografía, la gramática y el estilo de sus contenidos. Si haces una búsqueda en Google, encontrarás muchas ofertas relacionadas con la corrección y edición de textos.Busca terminos como copywritter, copywritting, etc

En plataformas como TextMaster, especializada en traducción y redacción web, puedes registrarte como autor freelance. Esto te permitirá acceder en línea a encargos de edición y corrección de textos en español y otros idiomas. Tambien hay otras como fiverr o upwork.

## 47- Traductor de texto

¿Eres bueno con el inglés o el francés? ¿Con el ruso? Pues también puedes sacarle partido para ganar dinero en Internet sin moverte de tu casa. Hay muchas marcas que necesitan traducir los textos de sus webs o blogs y que recurren a freelance o plataformas online. Es otra forma de aprovecharse del tirón que tiene actualmente la demanda de contenidos en Internet. En plataformas como TextMaster, One Hour Translation o Hello Translator se encargan de poner en contacto a traductores con empresas o particulares que demandan servicios de traducción en distintos idiomas.

## 48- Vende tus fotos

Si eres de los que lleva la cámara (o el teléfono) siempre lista y tienes un buen arsenal de fotos, ¿por qué no convertir tu pasión en una fuente de ingresos extra, incluso si no eres un fotógrafo profesional? La clave está en poner esas fotos a la venta en bancos de imágenes online. En sitios como Shutterstock, por ejemplo, puedes ganar más de 120 dólares por cada descarga de tus imágenes. Así que, ¿por qué no sacar provecho de tu talento fotográfico y hacer que esas fotos trabajen para ti?

## 49- Compraventa de dominios

¡El negocio de la compraventa de dominios es todo un fenómeno mundial! Cada semana millones de dominios encuentran dueño. Esto es algo parecido a la bolsa: compras a buen precio y vendes al alza. La oferta y la demanda en acción. Ahí es donde entran en juego plataformas como GoDaddy, Flippa, Sedo, y muchas más.

Pero lo interesante son los dominios Premium, las joyas de la corona. Son esos nombres de dominio irresistibles que alguien adquirió en el pasado y ahora los deja libres o los pone en venta. Son fáciles de recordar, genéricos, potencian la imagen de marca, escalan posiciones en los buscadores y generan tráfico. ¡Todo un combo de ventajas! Investiga bien, que el mercado está lleno de oportunidades.

De vez en cuando aparecen nuevos dominios por multiples razones: países que se independizan, regiones dentro de los países que inaguran sus dominios, etc, tambien hay países que cambian de vez en cuando su legislación y permiten extranjeros comprar sus dominios, etc.

## 50- Venta y diseño de logotipos

Si eres habilidoso con el diseño, te desenvuelves bien con programas de edición de imágenes y vectores, y tienes un toque creativo, ¿por qué no considerar aprovechar la creciente demanda de logotipos para sitios web y ganar un dinero extra? ¡Vamos a añadir más a la lista! Puedes vender tus creaciones directamente a través de tu propio sitio web o blog. También tienes la opción de utilizar plataformas especializadas en diseño, como 99designs, LogoMyWay o StockLogos, entre otras, para llegar a un público más amplio. Si no se te da bien el diseño grafico puedes usar canva.com o inteligencia artificial, pero para de verdad dominar esto necesitas saber algo más que simplemente registrarte en canva o darle un click para que la IA lo haga.

## 51- Venta y subasta

Si te identificas con el síndrome de Diógenes y has acumulado objetos que ya no te sirven para nada más que acumular polvo en una caja de cartón, es el momento perfecto para hacer limpieza y ganar algo de dinero extra. Lo que ya no quieras, seguramente alguien más lo desee... La gente compra y vende prácticamente de todo, incluso cosas inimaginables.

Según las cifras de Wallapop(una de las mayores compañias online de venta de segunda mano de mi país, España), la mitad de los españoles almacena objetos no utilizados que podrían tener un valor de 500 euros, y 3 de cada 10 podrían obtener más de 1.000 euros con su venta.

De acuerdo con un estudio de Ebay, el 63% de los internautas españoles recurre a plataformas colaborativas para vender artículos no deseados, obteniendo una ganancia media de 153 euros. Wallapop, Ebay, Vibbo son las opciones más populares, pero hay muchas otras plataformas para la compraventa de artículos de segunda mano. Incluso Facebook está tratando de unirse a la tendencia, con facebook marketplace, para llevarse su parte del pastel. ¡No te lo pierdas!"

Yo empezaría primero vendiendo mis cosas, cosas de conocidos, etc para luego comprar cosas localmente para venderlas por internet.

## 52- Transcribe textos de audios o vídeos

Transcribir textos, audios, videos, etc es una muy buena forma de ganar dinero. El mejor en el que probar suerte sería fiverr.com usando inteligencia artificial.

## 53- Monta y monetiza un directorio web

Armar un directorio web temático con WordPress es otra opción que puede brindarte ingresos interesantes si eliges el nicho adecuado y lo gestionas con astucia. La idea es reunir y presentar información sobre negocios dentro de un mismo nicho o sector, algo así como: Restaurantes japoneses en Nueva York, empresas de carpinteria en Londrés, talleres de reparación de bicis en Amsterdam, prostitutas y escorts en Amsterdam, etc

Los nichos tienen que ser específico y localizado sea el nicho, mejor. Esto te permitirá enfrentar mucha menos competencia y tener mayores posibilidades de generar tráfico. No tiene sentido competir con directorios donde haya mucha

competencia. Configura tu directorio en WordPress y agregar un blog para crear contenido adicional y llegar a más audiencia. Una vez que tengas un tráfico alto, podrás empezar a obtener ingresos de diversas maneras como por ejemplo anuncios de AdSense, banners y otros espacios publicitarios, cobrar tarifas a los negocios del sector por aparecer o tener mayor visibilidad en el directorio, entre otras opciones. Y con el tiempo, siempre hay la posibilidad de venderlo o incluso alquilarlo a negocios locales..".

## 54- Cómo ganar dinero con el intercambio de divisas extranjeras

Meterse en el mundo del Forex es tan emocionante como desafiante cuando se trata de hacerlo bien y obtener grandés beneficios. ¿ No sabes que es el Forex?, forex no es más que la abreviatura de Foreign Exchange o comercio de divisas extranjeras, consiste en cambiar unas divisas por otras, similar a lo que haces cuando viajas, pero aquí con la intención de mantener la operación hasta que el valor se incremente y luego volver a cambiarlas para obtener ganancias.

Esto es relativamente fácil, pero jugar en este "casino" de las opciones binarias requiere un control mental bastante sólido y paciencia, no puedes tomar decisiones impulsivas. De hecho, si eres nuevo, tu objetivo principal debería ser mantenerte, es decir no perder dinero el mayor tiempo posible mientras aprendes como funciona todo esto, en lugar de esperar beneficios inmediatos. Por esta razón, es crucial seleccionar cuidadosamente al bróker o corredor con el que planeas trabajar. El mercado Forex opera las 24 horas del día durante cinco días a la semana, desde el domingo hasta el viernes, ya que tiene presencia en todo el mundo".

## 55- Gana dinero online con un sitio Wiki

Los wikis se perfilan como otra forma de ganar dinero online. Si lo haces con bien puedes atraer bastante respetable, y si hay mucha gente registrada, esa misma gente mantendra el sitio actualizado. A la hora de elegir tu nicho, ya sabes, cuanto más específico mejor, no quieres competir con Wikipedia o con WikiHow se encarga del resto. No intentes abarcar demasiado; centrate en algo en especifico y construye una comunidad sólida alrededor. Ejemplo de una buena wiki sería: una wiki de una serie estadounidense, de una película muy concreta, etc.

Para crear tu propio sitio wiki, puedes recurrir a plataformas como MediaWiki (la misma usada por Wikipedia) o PbWorks. Que Wikipedia sobreviva a base de donaciones no significa que tu wiki no pueda obtener ingresos por otros medios. Una vez que el tráfico comienza a fluir, se abren multiples posibilidades: Adsense, venta de banners y otros espacios publicitarios, afiliación, ¡y mucho más!".

## 56- Podcast

Para poder ganar el máximo dinero con un podcast, primero incrementar la audiencia , tiene que ser audiencia que este en sincronia contigo y, claro está, ofrecer contenido que merezca la pena. A partir de ahí, se abren varias puertas para monetizar con tu podcast: desde publicidad hasta publinotas (esas menciones de productos o servicios que se cuelan sutilmente), pasando por aceptar donaciones e incluso contenido Premium. Los contenidos de audio online son bastante importantes. Cerca de un 40% de los internautas mayores de edad escuchan contenidos en internet de manera regular. Dos de cada tres lo hacen desde sus móviles, y casí un 30% no tiene problema en abrir la cartera por contenido Premium.

Más del 60% considera que la cantidad de publicidad que les llega es muy razonable. Puedes hacer un podcast (o varios) sobre lo que quieras, mientrás sepás de lo que hablás y/o te guste el tema. Tiene tambien la ventaja de que no tienes que exponerte tanto, no es un evento físico o un video de youtube, además no tienes porque hacerlo solo lo puedes hacer con un amigo, un conocido, familiar, etc. Si te interesa hacer un podcast y no tienes conquien, ponte en contacto conmigo, puede que haya alguien entre mis contactos que te pueda ayudar.

## 57- Streaming en Younow

Muchos creyeron erroneamente en el pasado que **Younow** un rival de peso para YouTube, pero lastimosamente no ha alcanzado tanto renombre, al menos hasta ahora, aunque no se puede despreciar el hecho de tener 100 millones de sesiones al mes. Ha tenido más éxito en países de cultura anglosajona.

Younow es una plataforma donde sus usuarios, muchos de ellos jovenés, comparten sus vidas en directo a través de videos, acompañados de interacciones a través del chat.

Puedes hacer casí cualquier cosa: cantar, pintar, hablar, dormir o cualquier chorrada, eso si no puedes masturbarte, tener sexo, etc, ya que los contenidos de ese tipo no son aceptados. ¿Cómo se gana dinero con esto? Pues atrayendo a mucha gente y consiguiendo que se suscriban a tu canal. Cada espectador recibe monedas virtuales al ingresar a la aplicación para ver vídeos y deja propinas a los creadores que les gustan. De ese total, Younow se queda un 30%, y el resto para tí!

## 58- Ganar dinero online con la plataforma ETSY

Si te va lo artesanal, ETSY es tu lugar. Ahí puedes abrir una tienda online totalmente gratis y ofrecer tus creaciones únicas y originales, desde cosas hechas a mano, artículos vintage hasta materiales para artesanía. El mercado es gigantesco más de 20 millones de compradores. Hay mucha gente vendiendo.

Los ingresos de ETSY viene de los anuncios y de las comisiones por cada venta. En 2015, consiguieron más de 2.300 millones de dólares en beneficios, un aumento del más del 23% desde 2014. Pero ojo, Jeff Bezos (el dueño de Amazon), siempre hambriento de éxito, también ha querido su parte y creó **Handmade** at Amazon para dar pelea en este negocio. Y si buscas más opciones, hay otras páginas como **Dawanda o Handbox** (empresa de España) que también apuestan por el DIY (Do It Yourself).

## 59- Rellenar encuestas

Mira nadie se hace rico con esto, esa es la realidad y la inmensa mayoría de gente no vive de esto, pero si quieres ganar plata desde tu casa y con mucha comodidad, esto puede ser una solución.

Normalmente, las encuestas suelen pagar entre 1 y 4 euros, así que la clave aquí es la cantidad. Es buena idea registrarte en muchas plataformas para recibir más encuestas y sumar más ingresos. Hay sitios como Encueston, MySurvey o Global Test Market donde te podrías apuntar para recibir estas encuestas. Hay gente que subcontrata a personas del tercer mundo o que hace que las encuestas se rellenen de forma automática.

## 60- Ingresos por ver anuncios

Está es otra de esas maneras que no haran que te hagas millonario, pero que comento debido a que tengo fe en que sepás usar parte de los modelos de negocio, ideas, etc descritos, por ejemplo: quizás veas la posibilidad de crear una plataforma parecida con plugin de wordpress o hagas un negocio similar.

Es un método sencillo que no te quitará mucho tiempo ni te dará dolores de cabeza, solo tienes que dedicar un poco de tiempo a visualizar comerciales en tu computadora u otros dispositivos.

La movida es registrarte en varias páginas web de PTC (Paid To Click), eso significa que te pagan por solo hacer clic en anuncios. Antes de lanzarte, echa un vistazo a las condiciones de cada una para evitar sorpresas. Algunas opciones serias y con experiencia son ClixSense o Neobux. ¡Animo!, ¡tu puedes!

## 61- Leer emails y gana dinero con ello

También puedes ganar algunos pocos euros online leyendo emails. No te emociones en exceso, no te harás rico de la noche a la mañana, pero, eh, sumando y sumando, todo cuenta. Además, no te robará mucho tiempo y puedes combinarlo con otras estrategías que hemos estado viendo por aquí. En este caso, la movida es apuntarte en páginas Pay To Read. La idea es registrarte en muchas de ellas para que te lleguen más emails. Algunas opciones que la gente valora bastante son **SumaClicks, Es-Fácil o ClickXti.**
Antes de lanzarte a lo loco, asegúrate de leer las condiciones de las páginas y **mira muy bien cómo funcionan sus programas de afiliados** para subir tus ganancias. ¡A leer se ha dicho!

## 62- Vende tu arte en Society6

¡Vamos allá! Society6 es una tienda online de cosas chulas, pero con algo especial: todos esos productos que venden están diseñados por artistas emergentes. Si eres creativo y tienes ganas de destacar, puedes enviar tus obras maestras, y ellos se encargaran de venderlas en varios formatos, desde camisetas hasta cuadros o incluso fundas para móviles. No te preocupes por la logística mundial, porque ellos se encargan de enviar los productos a cualquier rincón del planeta.

Dada la gran cantidad de artistas en el mundo, te sugeriría que promociones tus creaciones en Society6 a través de las redes sociales(aunque sin invertir mucho tiempo). Así te verá más gente. En cuanto a los precios, tú decides cuánto vale cada obra tuya convertida en producto, ya que conservas los derechos y la propiedad intelectual de tus genialidades, pero te recomendaría que empezaras con precios muy bajos y los subieras poco a

poco hasta que la gente empiece a comprar menos y tus
ingresos disminuyan.

### 63- Web-Tester

Hay muchas empresas que buscan web-tester, ¿que es un web-
tester?, como la propia palabra dice es un trabajador que lo que
hace es probar o test una web, buscar cosas que mejorar, así
como defectos y errores. Un buen web-tester no solo encuentra
lo que falla, sino que tambien propone mejoras, revisa al
detalle y, en resumen, hace que la experiencia del usuario sea
lo mejor posible. Lo mínimo que te van pedir es que entiendas
algo de páginas web. Normalmente el tipo de contrato que
ofrecen para este tipo de trabajos es temporal.

 Este normalmente no es un trabajo para novatos. No se trata de
ir a una web y pulsar botones alreatorios, como demasiados
creen. Se necesita atención al detalle, un conocimiento
prefundo y real. Si tu tienes este tipo de  habilidades ser un
web-tester es para tí, normalmente pagan unos 15 o 20 dolares
por cada analisis.

### 64- Acorta enlaces

**Shorte.st** acorta enlaces y te paga por ello, ¿cómo? cuando los
internautas hagan click, no irán directo a la página web, sino
que pasarán por una página intermedia donde habra publicidad
y de la que tu cobraras, nada es gratis en esta vida.

Puede que suene un poco intrusivo ( de hecho lo es), por ello
debes tratar de que la publicidad sea de calidad para que no sea
tan permicioso. ¿Y cuánto te pagan normalmente por esto? El
CPM en países "pobres" dentro de europa occidental como por
ejemplo España esta entre los 3 y 4  dólares. Si quieres

explorar más allá, aquí te dejo otros acortadores como **Linkbucks, Adfly, Binbox**, todos tienen registro gratis y con sus propias peculiaridades.

### 65- Un «infiltrado» en Reddit

Me gustaría explicar brevemente como se organiza reddit.com, reddit es un foro compuesto de subforos llamados subreddits y en cada subforo se trata temas muy especificos, por ejemplo hay subreddits de: animales, baloncesto, videojuegos en especifico, ciudades como nueva york, pueblos, provincias, etc, hay casí un subreddit por cada cosa. La estrategia consiste en sacarle el jugo económico a reddit, el famoso foro con mini foros, ¿cómo lo logramos? Pues metiendo artículos, etc con publicidad de Adsense en las páginas de los artículos que posteemos.

La cantidad de dinero que te llevarás dependerá de si el tipo de contenidos que promocionas es popular y gusta (o no), trata de no parecer muy spammer y pasa tus artículos en diferentes subreddits.

### 66- Izea.com

Izea es un marketplace donde tu como influencer podrás ganar dinero con los post de tu blog, tuits, videos de youtube, directos y incluso fotos. La popularidad es lo que más se demanda en este sitio. En función del seguimiento que tengas, tus ingresos serán mayores. Si tu blog cuenta por sí mismo con un tráfico grande te garantizarás unos buenos ingresos.

El registro es totalmente gratuito y permite agregar todas los perfiles de redes sociales, blogs y demás sitios web que tengas. Es cierto que en el pasado algunos usuarios han presentado quejas por el bloqueo de cuentas. Actúa decentemente y no tendrás problemas.

### 67- Haz que te paguen por publicar contenidos en forma de artículo o texto

En International Living te pagaran si les cuentas sobre tus viajes en otros países. En concreto, te pagaran 75 dólares por artículo, no son especialmente exigentes, les importa más el qué cuentas que el cómo lo cuentas, pero eso tienes que hacerlo en inglés, con que escribas 500 o 600 palabras es más que suficiente, puedes ponerles fotos psi así lo deseas. Si no hablás bien inglés, hay una página similar para hispanohablantes, es Matador Networks, pagan menos, especificamente 40 dólares y no 75, y los textos normalmente son entre 700 y las 1.000 palabras.

En el caso de que ninguna de las opciones anteriores te convenzan tambien esta listverse que paga 100 dolares por escribir listas de al menos 10 cosas. Eso si son algo más exigentes con lo que publican.

### 68- Evalua los resultados de google con Leapforce

Leapforce es una plataforma que te pagan por asegurarte de que los sitios webs están bien posicionados en google, pagan 11 dólares por hora si lográs trabajar con ellos, puede no parecer mucho pero recuerda que es un trabajo que puedes hacer desde casa o incluso desde otro país. No se debe hacer y nunca te lo recomendaría, pero hay gente que subcontrata a otras personas para hacer el trabajo. ¿Que es lo que piden ellos?, ¿que tipo de habilidades?, te pediran que sepás manejarte bien con internet, tengas conceptos y habilidades de como funcionan la analitica de audiencias, etc

## 69- La publicidad no es necesariamente fea

¿Alguna vez has hecho un gran esfuerzo en montar una web superbonita para que luego google te ponga la publicidad más fea e intrusiva que jamás hayas visto?

Para resolver esta PayClick, ¿que es PayClick?, una red premium de anuncios nativos con más de 10 años, ¿ que es una red de publicidad nativa?, no son más que anuncios que tu configuras como tu quieras para que no desentonen con la temática o el diseño de tu web. Esto no es solo una cuestión estética, tambien es económica, los anuncios al no desentonar con el resto de la página la gente pulsara mucho más, ganando más dinero. PayClick es un empresa que opera a nivel mundial, no solo en USA o en un país en especifico.

## 70- Ayuda a otros como asistente virtual

Hasta hace no mucho tiempo había muchos negocios que no eran conscientes de la importancia de vender en online, dejando desatendidos aspectos tan importantes como el servicio de atención al cliente: chat virtual, teléfono, etc. Actualmente la situación es algo diferente, algunas empresas lidian con atención al cliente con sus propios recursos (trabajadores), otros usan "call centers" o empresas de chats. Para ser capaz de trabajar en esto tienes obligatoriomente hablar inglés y preferiblemente que dominar varios idiomas, ser paciente, respetuoso y escribir correctamente. Si hablamos del equipo y tecnología que necesitas, no es más que un ordenador, una webcam, microfono, un ambiente tranquilo y por supuesto una conexión estable a internet, si por cualquier razón no tubieras esta última recuerda que puedes conectar tu PC directamente al modém por cable.

## 71- Forzar a la gente que usa AdBlock a ver tus anuncios

Mucha gente, probablemente tu tambien, suele bloquear toda la publicidad web usando AdBlock, el navegador brave, etc para hacerlo.

Estos programas son algo que a mucha gente le gusta ya que, seamos honestos, los anuncios son molestos, pero esto es algo que va en contra de nuestros intereses, e incluso si esto sigue así muchas páguinas cerraran perjudicando al propio internauta.

Las estrategía más comunes como dueño de la página web son:

- Pedir al internauta que desactive el bloqueador: no funciona casí nunca.
- Prohibir que la gente use tu web si no desactiva el bloqueador de anuncios, funciona algo mejor, pero tambien hay mucha gente que cierra las pestaña y mira otra página que ha abierto.
- Aceptar las perdidas economicas que tiene el uso de AdBlock.

La solución que yo propongo es forzar a los malvados seres que tienen AdBlock a ver tus anuncios, ¿como?, la empresa PropellerAds ofrece un Anti-AdBlock, que lo que hace es bloquear el bloqueador de anuncios, así haciendo que el usuario que entre en tu web vea la publicidad aunque tenga activo AdBlock o algo similar, tambien para que el usuario "aprenda la leeción" se le fuerza a ver un pop-under de PropellerAds con anuncios con el que tambien ganaras dinero.

## 72- Descuentos Cashback

El cashback no es nada nuevo, pero ahora mismo está en auge, ¿que es el cashback?, sencillo, basicamente consiste en que cuando comprar algo online, pueden ser productos físicos o no, servicios, etc te devuelven una parte del precio pagado total. ¿Cuales son las mejores páginas para hacer esto? Beruby, CashbackDeals y Gelt son los más conocidos, pero hay cientos. Esta claro que esto no es un negocio en sí, pero si una muy buena forma de ahorrar dinero.

## 73- WowApp, el Whatsapp que te paga por mandar mensajes

¿Te imaginas ganar dinero por usar Whatsapp o similar?, esto es lo que ofrece WowApp, una aplicación que te paga por mandar mensajes a la gente. Lo que tienes que hace es sencillo, descargas la app( que es totalmente gratís) usando una invitación de un miembro, si no conoces a nadie ve a la web y busca algo como "invitación WowApp", si no encontraras nada, registrate y busca en todos los foros que conozcas.

WowApp te permite usarla en smartphone, tablet, ordenador, etc, puedes llamar a otros usuarios, no solo mandar mensajes. ¿Como te pagaran?, con WowCoins, que puedes donar a una causa solidaria o convertirla en efectivo. Cuantos más mensajes envies más dinero ganaras.

## 74- Escribiendo críticas de canciones se puede ganar dinero

Si te encanta la música puedes ganar algo de dinero escribiendo críticas cortas de canciones, ¿donde?, en la web Slicethepie, la página esta en idioma inglés y las críticas a las canciones tambien, recuerda que es algo breve que escribiendo 5 o 7 líneas sería más que suficiente.
Tambien tienes la opción de usar su programa de afiliados.

## 75- Ser profesor online

¿Se te da bien alguna algo en concreto? si eres bueno con las matemáticas, la física, la literatura, la geografía, tocando la guitarra, el piano, la programación o lo que sea puedes ganar dinero dando clases online.

Si te interesa la enseñanza, pero eres muy jovén o no te has decidido por una disciplina en concreto tienes la opción de enseñar tu lengua materna a extranjeros, así como ofrecer conversaciones online con ellos. Verbling y Superprof son algunas de las mejores plataformas, pero hay más y siempre puedes ofrecer tus servicios directamente en fiverr.com

Gracias a servicios como Skype, Zoom, Whatsapp call, Telegram o cualquier otro programa que puedas usar para hacer llamadas online podrías dar clases a cualquiera, aunque es cierto que no requiere casí inversión tambien es cierto que hay mucha competencia, ¿como podrías ganar mucho dinero con esto?, simplemente ofreciendo aquello en lo que seas bueno y si no eres bueno en algo por falta de experiencia o ser demasiado jovén, no pasa nada, siempre puedes prácticar.

## 76- Vende tus datos a Google

Google, tiene muchisimo interés en entender y manipular los hábitos y costumbres de sus usuarios por diversas razones, algunas economicas, otras políticas, etc.

De la misma forma que las cadenas de televisión miden su audiencia con audímetros Google hace lo mismo con su programa llamado Cross Media Panel, que funciona con la ayuda de voluntarios y usuarios de internet que aceptan que se tomen datos suyos de aplicaciones móviles, webs, etc, todo con el objetivo  de tomar la máxima información de la gente para luego manipular países enteros, influenciar en la opinión pública, hacer trampas en las elecciones, etc de crear un mundo mejor donde los usuario pueda disfrutar del mejor servicio.

Lo unico que Google te pide es tener una cuenta de Google y navegar con Google Chrome, ya esta no tienes que hacer nada más. Personalmente nunca haría esto ya que la información personal es el oro de nuesta era y nunca sabés que va a pasar con esa información en el futuro.

## 77- Crowdmarketing, otra forma de vender tus datos

A muchas empresas le encantaría saber de forma directa cuál es la opinión del consumidor sobre su producto o un servicio cuando lo encuentra en un comercio (Store data), cuando ve o escucha alguna publicidad en medio de la calle (Street data) y cuando va a consumirlo en el hogar (Home data), con esta intención apareció en Francia "Clic and Walk", una aplicación móvil de "crowdmarketing", que te pagara por dar esta información.

Esta empresa ya tiene presencia en Francia, Reino Unido, Alemania, Italia, etc, clicwalkers).

Todo el proceso se hace usando un smartphone, donde los clicwalkers(sí, así se les llama) reciben las tareas:

- Preguntas como:"¿qué llevas puesto un sábado por la mañana?"
- Tareas como: "Toma una foto de tu nevera un lunes por la mañana".

Con estas tareas recibiras recompensas, en concreto 0.5 euros.

Yo nunca lo haría debido a que es muy invasivo con mi privacidad, pero alla tu, además siempre puedes mentir(o intentarlo).

## 78- Ganar dinero en Spotify(Sí, es posible)

Muchas gente cree que Spotify, la plataforma sueca más popular del mundo, es solo para músicos, bandas, etc famosas que tienen conexiones con grandés discograficas. Esta percepción es entendible, pero cualquier grupo o artísta musical puede hacerse popular aquí, e incluso ganar dinero. Para ello necesitas ponerte en contacto con agregadores musicales online, estos negociaran los pagos con Spotify, si tu canción se reproduce mucho podrás ganar dinero, esto es algo dificil de por sí, pero si usas técnicas SEO, es decir tecnicas de posicionamiento web como poner como nombre a las canciones frases que normalmente la gente busca.

## 79- Web de cupones de descuentos y afiliación

Funcionan bastante bien, especialmente si estamos en crisis, incluso aunque no sean descuentos reales, da un poco igual la temática en la que esten disponibles: Viajes, moda, coches, comida, negocios, etc

Los anuncios de Facebook tienen 67% más de clics que el resto de recursos. Si tienes una tienda online o un blog, usar cupones te garantiza un incremento de ventas. Las ofertas de 2x1, las rebajas con tiempo limitado y otros trucos de marketing típicos motivan al comprador mucho más de lo que te imaginas.

Entre las principales web donde podemos encontrar cupones de descuento y que, además, ofrecen programas de afiliación, están Amazon BuyVip, Privalia, Groupalia, Cuponísimo, Groupon, LetsBonus, Bonusralia, etc. Un buena estrategía es registarse en uno de estos sitios web, esperar a que una buena oferta aparezca y escribir un post, hacer un video, etc sobre la oferta asociando un enlace de afiliado a ella. Las ganancias serán buenas.

## 80- Haz un pacto con el diablo o conviertete en el mismo diablo

 Si realmente quieres ganar mucho dinero, no ganarte la vida, tener un ingreso extra, etc, necesitas 2 cosas mucho dinero para invertir y/o tener buen juicio a la hora de empezar una empresa en un sector en especifico.

Existen Business "angels" o como a mí me gusta llamarlos Business Demons, son "gente" que te dara dinero a cambio de acciones en tu start-up, ¿que es una start-up? No es más que una empresa minuscula, normalmente no rentable, que tiene el potencial de convertir en una multinacional, por ejemplo: Google, Amazon, Skype, Starbucks, etc. Si tienes una buena idea de empresa con un plan de negocios muy solido, bien planeado, experiencia en el sector, etc te aconsejo que busques financiación de un Business Angel.

Por otro lado si te conviertes en un Business Angel y te topás con un proyecto que realmente merece la pena tu inversión se multiplicara muchisimo, existen webs donde uno se puede registrar para encontrar empresas.

 En Estados Unidos los business angels son la mayor fuente de financiación para start-ups. Esta claro que esto es solo para gente con capital y\o con buen criterio, si carecez de alguno de los anteriores olvidate.

### 81- Prostituye tu voz

Ser actor de doblaje o los locutor publicitarios es un opción solo Si tu voz es buena, además no se trata solo de la voz sino también la dicción, la capacidad de interpretación, y demás, todo eso se puede pulir siempre y cuando la voz sea buena.

Hay muchos sitios web donde puedes "vender" tu voz, es decir, ponerla al servicio de empresas o marcas para campañas en la radio, televisión o incluso en internet. La más conocida es Voice123 que trabaja en inglés, hay otras muchas en otros idiomas como Bodalgo, Voicebunny y WorldWideVoices, que trabajan en Español.

### 82- Vende tus apuntes a estudiantes

Los apuntes de clase también son algo que se puede vender. Por ejemplo existen plataformas como Wuolah que te permiten hacerlo. Ellos pagan por descarga. Si por la razón que sea no puedes acceder a esta página o es una página no válida en tu país ve a google y busca: "vender apuntes de clase", sencillo.

### 83- Crea marcas para otros

Si eres muy bueno inventando nombres para marcas, puedes aprovechar toda esa inspiración de más y ganar dinero online. Brand Bucket es un marketplace que compra y vende nombres de marcas para empresas, productos, aplicaciones, marcas, etc, normalmente incluye el dominio y el logo.

Como vendedor ofreces el nombre de una marca y el dominio asociado. Respecto al logo, la plataforma cuenta con su propia comunidad de diseñadores que hara el trabajo, y si eres diseñador gráfico, también puedes apuntarte. La pasta se reparte entre tú, el diseñador gráfico y una pequeña comisión del sitio web.

Los paquetes de marcas (logo + dominio+ nombre de marca) pueden costar entre los 2,000 y 75,000 dólares.

## 84- Comparte enlaces de descarga

Si estás buscando unos ingresos extra online, puedes compartir archivos (textos, videos, fotos, música, etc.) que le puedan gustar a otros en plataformas de pago por descarga (PPD), tipo Sharecash o FileBucks. Te pagaran por cada descarga.

Hay muchas páginas, cada una con condiciones diferentes. Tras optener el enlace de la plataforma, solo tienes que distribuirlo por todos lados: YouTube, blog, redes sociales, email marketing, y demás.

## 85- Donaciones de Amazon

Como ya sabrás Amazon tiene un sistema de afiliación, ellos te dan un link, tu lo compartes en tu blog, canal de youtube, etc y te dan una comisión, no esta mal pero es poco dinero, ¿que es lo que propongo yo?, que si tienes un blog, canal de youtube, etc pongas un enlace y le digas a tu audiciencia que para apoyarte usen ese enlace de afiliados la proxima vez que vayan a comprar en amazon. Este es mi enlace de afiliado y si quieres apoyarme como creador de contenido te pido que lo abras y lo pongas en la barra de marcadores de tu navegador.

**Amazon.com:** https://amzn.to/47i80lN

Si no entiendes algo o no esta claro por favor ponte en contacto conmigo y respondere a tus preguntas, puedes hacerlo aquí:

https://estudio96.com/contact-customers/

Si te ha gustado el libro hazmelo saber dejandome una review positiva en amazon:

https://www.amazon.es/review/create-review/?ie=UTF8&channel=glance-detail&asin=B0CRHR7CYR

Si no te ha gustado dimelo aquí y tratare de darte una solución al problema en especifico que tienes. Como escribir un artículo ,crear un nuevo libro o capítulo solo para tí.

https://estudio96.com/contact-customers/

Si quieres subcribirte con tu email para que te envie actualizaciones sobre nuevos libros y/o de similar temática hazmelo saber aquí:

https://estudio96.com/contact-customers/

Actualmente no soy un autor inaccesible, al que no puedes mensajear y estoy abierto a ayudar con los problemas que tengas, crear nuevos contenidos en forma de libro o blog, etc.